AF276670

ELOGIO DE LA RETAGUARDIA

QUISQUILIAE
15

CALUMNIA
2024

**Legu, kopiu, diskonigu, reverku,
kantu, muzikigu, kriu, recitu
ĉi Libron, Diskonigu la Ideon!**

Llegiu, copieu, difoneu, reescriviu,
canteu, musiqueu, crideu, reciteu
aquest Llibre, Difoneu la Idea!

Eliogio de la retaguardia

Texto: Pedro Sáez Serrano
Imagen de cubierta: Esther Tomás
Edición: Jordi Maíz | Raúl Montilla Torres

Colección Quisquiliae, n. 15, 13x18 cm, 96 p., 2024.

CALUMNIA EDICIONS
info@calumnia-edicions.net

septiembre de 2024
ISBN 978-84-128279-6-5
DL: PM 00666-2024

[PEDRO SÁEZ SERRANO]

ELOGIO DE LA RETAGUARDIA

Para Nuria

«Todo puede ser salvado» sería el lema de la
poesía. Se da esa promesa (…) y al mismo tiempo
alberga la conciencia continua de esa pérdida
enorme que constituye la vida de los hombres y la
historia humana. Las dos cosas a la vez, salvación
y pérdida. Ahí se constituye la tensión
de la poesía para mí.

JORGE RIECHMANN

El fin de la poesía es recordarnos cuán difícil es
ser una sola persona. Pues tenemos la casa
abierta, no hay llaves en las puertas, e invisibles
huéspedes entran y salen a su gusto.

CZESLAW MILOSZ

Después de una batalla perdida, la mayor de las
miserias es una batalla ganada.

DUQUE DE WELLINGTON

Aquella luz le recordó su infancia feliz, aunque no
la había tenido.

VLADÍMIR MAKANIN

Pero yo amo la ternura, mi suerte es esto y la
brillante ansia de sol y la belleza.

SAFO DE
LESBOS

1. PRINCIPIOS DE CARTOGRAFÍA

La cartografía es la más científica de las artes
y la más artística de las ciencias.
PAUL THEROUX

Al principio del todo la poesía era un mapa,
(yo no lo sabía);
no solo canto del mundo, sino herramienta de viajes.
Era carta marina y tejido de estrellas:
las luces en lo alto buscaban sílabas para los navegantes.

Todo era sabido por voces de marinos
que cantaban los contornos de las islas y bahías,
las aguas yacentes y los acantilados,
las fuentes de agua dulce que manaban en las rocas,
los secretos de la tierra con sus hondos minerales,
y la calidad del manzano,
y el buen aceite para untar el pan en los días de fiesta.

Todo eso la poesía lo decía para asegurar el viaje,
y al hacerlo el mundo existía, tenía sentido,
se hacía voz humana y ritmo semejante
al golpe de las olas contra la proa de las barcas.

El poema nació para cantar el mundo y salvarnos del
peligro.
Quizá sean la misma cosa.
El poema era un mapa,
y por tanto reflejo en escala de la vida.
Esto ocurría en los tiempos de Homero y de Hesíodo
(quizá también ocurra ahora y yo no lo sé),

cuando el mundo se inventaba con asombrosa urgencia
y el poema era necesariamente un mapa que crecía con
nosotros,
y mostraba al mundo en su belleza exacta,
y mostraba el viaje pero también su sombra,
porque la poesía era un mapa en lo que todo se decía.

El poema nos traía de vuelta a casa, es cierto,
una casa distinta, ya otra casa,
como distintos éramos todos.
Y nos conducía a otro lecho y a otro sueño diverso,
y a otra estancia donde la infancia no estaba
y no atraía leche a nuestra boca,
ni encendía el hogar con la yesca materna,
ni borraba el miedo con sus tiernas hipótesis.
Hubo que saber que ya no volvería,
porque los mapas conocen el sol de los niños
pero no responden sobre su luz apagada.

El poema era un mapa de la pérdida, al fin.
Era un mapa cansado, un mapa deshecho,
y la melancolía se plasmaba en noches de estupor
en las que gobernaba solo la palabra,
pues ese periplo que nos hizo marinos
nos hizo también cantores sin remedio.

Algunos de nosotros dormitaban bajo el sol del regreso
esperando la llegada de otros barcos e historias,
o ese barco final del que ya no se vuelve.

La poesía era un mapa de los lugares perdidos,
un mapa de los paraísos perdidos,
de los cuerpos amados en noches de guerra,
de las noches pasadas en tabernas ruinosas,
en ebriedades afines y en despilfarro de todo,
que así pasa la vida hasta que cesa inútilmente,
cualquier día,
bajo el canto de los cartógrafos.

2. TERRA INCOGNITA

Una *terra incognita* o *terra ignota* (del latín que significa «tierra desconocida») es un territorio que aún no ha sido explorado por el hombre (...). Esta inscripción se encontraba originalmente en los mapas, principalmente en los planisferios, para designar las tierras situadas más allá de las zonas conocidas por la civilización occidental.

WIKIPEDIA

Yo soy otro.
ARTHUR RIMBAUD

CAMPAMENTO DE VERANO

Soy un pobre tonto que quería de pequeño ser
balcánico,
haber nacido muy lejos de mi casa,
tener una cartera repleta de regalos,
jugar al básquet en hermosos campamentos
y casarme con la monitora de gimnasia.

¡Mirad cómo camina hacia la arena
con sus lánguidos pasitos irisados!
El vello rubio de sus muslos, manchados de salitre,
la hacen diferente,
las mangas remangadas de sus brazos son eternas flores
y el pañuelo en la cabeza enmarca
un rostro que ahora rememoro.

Era en Huelva,
yo no era mayor que una palabra,
vivíamos como sioux en tiendas de campaña,
nos arrendaba el mar sus vendavales,
la noche sus chicharras,
y poníamos entusiasmo a todo lo que hacíamos.

Nunca otro verano vino a herirnos tan de veras,
a hacernos daño en la mirada,
a crecernos de golpe a mil edades,
a darnos para siempre algo tozudo:
el haz y el envés de la belleza.

Ella me sonreía especialmente
y una tarde me llevó de la mano todo el camino hasta la
orilla.
¡Miradme, amigos, soy el rey del mundo,
tan alto como estrellas,
tan sabio como Sócrates!
La chica elegida me ha elegido,
el campamento dice mi nombre,
las chicharras cantan esta dicha.

Huele a brisas meridianas,
a agujas de pino verdes,
a infinitos veranos.

Aquella noche yo esperaba su regreso,
su mano perfecta regresando a mis dedos
(los huesos, los tendones, parecen siempre tan
delicados).
Luego supe que la inocencia de un cuerpo
duele más que las mentiras:
sus heridas son indescifrables
y provocan una desolada ternura.

Después de la cena quise irme con ella
y que me llevara muy lejos,
un viaje hacia sus muslos,
un viaje submarino;
pero un monitor vestido con bombachos
la tomó de la cintura y la llevó hasta su guarida
con un gesto que creí mal ensayado.
Allí desaparecieron entre risas.
Los oí follar toda la noche.

El lento camino de regreso hacia mi tienda
me enseñó que el amor es una historia
con variables planteamientos
y tiene estas cosas:
un misterio ambiguo,
una soledad sin aire
y el sabor suicida de la muerte.

Caminé ensimismado hacia la playa,
soñé futuros veranos insondables
que regalarían aventuras fascinantes,
vestidas de misterio;
lancé piedras al agua,
pise algunos papeles,
lloré sin lágrimas.

Huele a brisas meridianas,
a agujas de pino verdes,
a infinitos veranos gastados
en mirarte.

VITA PERICOLOSA

Nunca estuvisteis con mujeres peligrosas al borde del mar
ni supisteis lo que es respirar bajo la lluvia de Londres el
abandono de uno mismo,
ni caminar hacia un *squat* lleno de humo y
                                        mujeres que reían
o lloraban
o cantaban Janis,
ni llorar tras una siesta prolongada más allá de lo
razonable.

Nunca supisteis el dolor de los golpes policiales en la cara,
en el carnet de identidad de la identidad,
ni ver al amigo Julio saludar entre barrotes de una cárcel
de Carabanchel
fabricada con santas intenciones,
a punto de ser clausurada para siempre y para tarde.

Ni tocar música latina en el módulo de madres de esa
misma cárcel,
donde los hijos de la pobreza bailaban con sus chicas el
chachachá y el mambo,
ellas altas y rotundas como bellas asesinas
y ellos menores de cuatro años
(al pasar esa edad los llevaban a otro sitio).

Muchachas que bailaban entre risas por la ruptura del
infierno.
Madres prostitutas, yonquis, traficantes, emigrantes,
carteristas, rebeldes, asesinas, maltratadas desde
siempre por las cosas,
que reían la felicidad de poder bailar juntas en medio
del infierno.

Nunca supisteis lo que es llorar por todas las derrotas:
las traiciones, las guerras lejanas y cercanas,
la tristeza política,
los desaparecidos, los ahogados, los poemas de
Gelman,
y esas personas cuya vida es imposible adivinar
tras el mostrador de su comercio:
qué hacen, a quién aman, qué sueñan, qué son, por qué
venden fruta
en una ciudad cualquiera
y no suben nunca al barco de la felicidad.

Nunca supisteis lo que es haber sido vencido
enormemente
y que aun así no te vas a rendir ni para dios,
ni para las advertencias amables de las doce,
ni para pedir perdón a los gigantes.

Que has sido derrotado en lo que tú más querías:
tu estúpida vida de pronombres,
tu alterada visión de ti mismo conquistando un pico o
una felicidad,
encerrado en trabajos deleznables
que solo traían a casa la necesidad de estar vivo y
reproducir
la propia impotencia.

Nunca sabréis lo que es pulir un libro de palabras
con la sangre que pule hasta las erres,
las tildes y la turbia semántica.

Nunca sabréis lo que es llamar a los padres imposibles
por su nombre equivocado,
los padres y las madres que no nos corresponden.
Y aplacar su paciencia perpleja con todas las culpas,
y esa foto de cuando se casaron en los años de
posguerra,
ella de negro, como una viuda,
sin saber que el futuro era torpe,
era cobarde
era inútil,
que el futuro eras tú y todas esas cosas que no sabes.

LABORES

> El hombre es hermano del río.
> PEDRO SALINAS

Es labor de los ríos pasar de largo,
cerrar los ojos a los muertos,
abrir con sus brazos los trigales,
dejarse acunar por el viento y los meandros que viajan.

Es labor de los ríos tener alegría,
pulir las piedras,
lavar las barcas,
reparar las madejas de juncos
y deshojar los pétalos de la basura.

Es labor de los ríos
hacerse amigos de los alcatraces,
saludar a los carpinteros de ribera
que miran al sol haciendo visera con las manos.

Es labor de los ríos humedecer la luz,
fertilizar el aire,
acompañar hasta la muerte a los viejos pescadores
y depositar junto a ellos un obsequio de arena.

Es labor de los ríos no tener memoria
y fluir como lo hace la mirada
de poetas expatriados hace tiempo:
miran hacia el horizonte con lentitud
y se ponen de rodillas si pasan ante árboles o ante
viejas
batallas.

Es labor de los ríos
dejar a los niños pensativos,
mientras el agua se mueve entre sus dedos
y un barquito de papel se despide en su memoria.

Es labor de los ríos pasar de largo
y olvidarse de nuestras raíces,
y dejarnos desvelados detrás de la dicha,
como en aquella jornada bajo las aves.

MILAGROS

Hay que decir que la nieve es
agua y partículas higroscópicas,
y que como todos los milagros nos es inexplicable.
Hay que decir que se forma a 12 grados bajo cero en
altas capas de la atmósfera;
que viaja en nubes acunadas por los vientos;
que promueve incomprensible felicidad en los
humanos;
que desaparece igual que vino,
pero manchada de barro;
que detuvo el avance de la Wehrmacht frente al Volga;
que Napoleón probó sus duras armas en la Sierra;
que los niños la amasan como panaderos;
que los alpinistas la clasifican como astrónomos
(porque cada copo es una estrella fugaz digna de
estudio);
y que no hay lino ni algodón,
ni nada,
que la superen en el telar donde se cosen los sueños.
Sin embargo, hay que decir que ella es también una
mortaja,
un sudario que cubre nuestra boca,
        una tumba indiscernible en el paisaje dormido.

WHERE THE STREETS HAVE SOME NAMES

Para Jon

Miguel Hernández te llamaba madre y murió en una de tus cárceles.
César Vallejo te llamaba madre
e ingenuamente les pidió a los niños que te buscaran por el mundo.
Joan Maragall te llamaba en una lengua tuya que no escuchabas
y se despidió de ti como quien le habla a una loca.
Antonio Machado esculpió tus paisajes con su verso exacto
y murió fuera de ellos, expulsado por tu vasta historia de rencores.
Luis Cernuda dijo que no quería ser hijo tuyo
y exclamó desde el exilio: «Qué lástima que fuera mi tierra»,
quizás el mejor epitafio para tu historial de impunidades.
Tuviste hijos de voz hebrea, de canto árabe,
de credo menos duro.
¿Qué hiciste de ellos? ¿Dónde los escondes?

Mira, yo no sé cómo llamarte,
ni quizá me importe tanto.
Y sí, te conozco como si me hubieras parido,
te conozco como si me hubieras helado el corazón
en diversas ocasiones;
y no sé cómo llamarte.

TAREAS

Hoy me toca la tarea de estar solo
mirando lo que pasa y lo que ocurre,
mirando en la rama absorta
la alegría inminente.

Mi tarea es podar las alamedas
y los plátanos cansados del verano,
para que el sol alumbre al más humilde escarabajo
que coexiste con la siega.

Mi tarea no es menor, es importante.
Consiste en ayudar a la hormiga con su carga,
una pipa colosal y loca,
y llevarla muy lejos,
junto a un río,
y echar agua a la fiebre de un geranio,
y convivir con los alambres y los anzuelos.

Mi tarea es hoy estarme quieto, dormido, sumido,
soñando la mirada de los osos,
pastar en el agua de una charca
donde se refleja definitivamente la muerte.

La tarea que he tomado es regresar al pasado,
al principio del todo,
rehacer el camino
y así no estar solo.
Es saberme recursivo,
ineficiente,
y volver a los lugares del crimen,
que son todos,
y señalar la huella del mal que perpetramos.

Mi tarea es finalmente una mano:
tocar con ella la piel del invierno,
besar con ella el temblor de una soga,
abrazar con ella la sintaxis de los enjambres.

Ser, de ese modo, de esa forma,
la mano que se ensucia y que se lava con la vida.

Mi tarea, por último, es volver a ver el mundo como si
sucediera por primera vez.
Y así es, a veces,
cantar el vértigo, y el estremecimiento,
y el derroche de los días
sagrados.

CUMPLEAÑOS FELIZ

Después de mucho fracasar y mucho amar,
y de mentir y de mancharme,
(sé de qué hablo),
a los cincuenta años traídos,
apenas sé de mí
dos o tres cosas,
todas ellas de usar y tirar,
todas ellas vulnerables.

La piel es una de ellas,
la piel que añora octubre,
cuando la luz es infantil y se eleva
entusiasmada por el aire,
y visita los paisajes amarillos,
y se duerme en el humo y en la lana de las cosas.

La piel que también ríe,
si viene un animal y la trastorna,
un perro, un gato, un animal,
y la toman dulcemente de la mano,
y hacen uso de ella,
y le transmiten el secreto de sus idiomas.

La piel que también ama,
ya no con fe de veinte años,
es decir, con ilusiones,
cuando uno entraba en el amor igual que en un vergel
y todo era una fiesta de geranios y de rosas,
sino con la lentitud de un fresno viejo,
que espera con paciencia la llegada de abril y luego
brota.

La piel que ha dado todo:
el cansancio del trabajo,
su fuerza retenida,
los años perdidos en la brega,
la disciplina de las horas,
la maldita servidumbre de las horas,
la vergüenza de ser también un cómitre.

He llegado a estos cincuenta años
y apenas sé de mí dos o tres cosas,
todas fronterizas,
todas erradas.
La boca es otra de ellas,
la palabra,
la frontera iluminada de los lenguajes,
tan locuaz algunas veces como si fuera la voz de un
marinero,
toda adornada de reveses y de escamas,
iluminando las cajas de madera del pescado,
el olor insaciable y lejano de las lonjas.

A esa voz le corresponde un tono hosco,
a ratos duro,
a ratos malo,
que derrama sin pausa historias de naufragios,
peleas en tabernas,
aventuras execrables,
y solloza extrañas,
mujeres perdidas en la memoria del mar.

Pero a veces mi voz es soberana como un arco iris,
plural y democrática.
Y otras solemne o triste, o falsa.
A veces muda, como las ruinas de una civilización
antigua,
olvidada en una montaña de futuros arqueólogos.

Ella es así, de esas maneras.
Por eso he de decir
(recuerden a Menochhio,
su voz entusiasmada, su voz carbonizada.
Recuerden la alegría de madera de Pinocho,
su infantil deseo de ser un bosque hablante)
que todo me lo podrá arrebatar,
de hecho lo hacen, de hecho lo hago,
pero no sus agravios, no su memoria,
no la libertad de usarla.

A los cincuenta años traídos, repito,
apenas sé de mí dos o tres cosas,
dos o tres cosas solamente,
todas ellas fervientes,
todas ellas cansadas,
todas ellas precisamente vulnerables.

METAMORFOSIS

Ahora me impongo a mí mismo carreras de
orientación por la montaña,
no ya con la urgencia de tener que aprobar exámenes y
cosas
sino por el placer de correr por el bosque y buscar en él
balizas invisibles.

Las coordenadas no son más que una imposición
abstracta
que le ponemos al mundo
para tenerlo controlado.
Así con todo.
Así hacemos con todo.
Pero no me voy a poner matemático,
porque lo que me gusta de verdad es correr por la
montaña,
cuesta arriba y cuesta abajo,
saltar arroyos,
mirar el mapa, calcular tiempo y distancia,
calcular los rumbos,
establecer la equivalencia entre el mapa y la vida,
entre la representación y la vida.
Y empaparme las zapatillas y la piel con el agua fluida
que brota ahora por todas partes
como consagración de la primavera.

La nieve del invierno mató este año a cuatro
compañeros,
en la montaña.
Y esa nieve está ahora aquí,
bajo nuestras suelas, en nuestra mirada.
Es agua, se ha vuelto agua,
inofensiva y sin memoria,
la que me llevo ahora a los labios
en una extraña comunión con la muerte.

RECUERDOS VICARIOS

Para Sousa

Todos los años nos sorprendía la nevada.
En el cuello de la estatua poníamos una bufanda,
en la cabeza un gorro,
en los ojos una gafas de *snowboard*,
que eran en realidad de fresador,
porque la industria del pueblo era la metalurgia.
Los más bromistas ataban una bolsa de plástico a las
ingles del héroe.

Luego corríamos bajo soportales con ventisca
y la plaza desnuda se ponía de fiesta.
Los niños inventábamos batallas enigmáticas,
incomprensibles,
y nuestros abrigos eran corazas.

La nevada era la auténtica materia del invierno.
La victoria entusiasmada
de los sueños, de los vientos inventados,
de los misteriosos animales de la taiga.

Nuestras manos inquietas
recibían en sus cuencos el limo blanco.
Los copos caían como una levadura en nuestros labios,
y luego resbalábamos sobre el patio remansado:
caer sobre la nieve era volar hacia adentro.
Ahora está nevando
sobre los almendros.
Hacia dentro. Siempre hacia adentro.
Pero he de confesar algo terrible:
nunca tuvimos plazas porticadas ni estatuas con
alcurnia,
ni fuimos una ciudad en ningún sentido noble.

3. FE DE NAUFRAGIOS

Artículo 14. La Autoridad de Marina deberá proveer siempre al salvamento de vidas humanas que se encuentren en peligro en el mar, empleando para ello todos los medios de que disponga, pudiendo a este objeto utilizar toda clase de buques y embarcaciones y ordenar a sus dotaciones la prestación del socorro, así como requerir el auxilio de las Autoridades de otros órdenes. Cuando se trate de evitar la pérdida de una nave en peligro, la Autoridad de Marina apreciará la conveniencia de proceder a su salvamento, utilizando en su caso, los medios de carácter público u oficial que tenga a su disposición.
(*BOE, Ley 60/1962*, de 24 de diciembre, por la que se regulan los auxilios, salvamentos, remolques, hallazgos y extracciones marítimos)

Que libres habitamos esta tierra, sin consideración de gente prisionera, sino con el derecho humano del asilo.
Esquilo, *Las suplicantes*

A CONTRAVIENTO

Las mariposas no temen a la nieve
porque la nieve es una mariposa.
Cuando nieva,
es que hay una migración de mariposas.
Despliegan sus alas cristalinas en el viento,
se posan en el barbecho y en los almiares,
duermen por unos días en nuestros tejados,
y luego prosiguen su viaje de vigías
hacia la Antártida.

STRANGE FRUIT[1]

No cuelgan de los árboles,
sino de vallas levantadas en el sur.
No están muertos,
pero para muchos valen lo mismo.
No caen por odio racial,
sino por una mezcla letal de pobreza y desprecio.
En la frontera,
la ley de Lynch se llama ahora política migratoria.

Salvo que vengas de una guerra que interese.

---

[1] Título de una canción de Billie Holiday.

Última llamada

El agua es retaguardia y sed primera,
madre de la vida,
luz que germina entre albañales.

Sobre las olas,
una patera de orantes
estremece el horizonte
con sus ramajes.

Madre de las fresas,
rosa de los plásticos,
reina de los peces,
reina de los peces.

El viento agita ramas que van cayendo
al cielo de los mares
ofendidos.

Bañada en viento, su cuerpo buscaba
lanas, conchas, cunas y hospitales.
No encontraba nada de eso.
Solo salitre.

Sobre la olas, el motor muere,
la barca navega
por la locura.

Tiran compañeros,
sueños, al agua.
Autopsias de peces roe los sudarios.

El mar los acoge en lechos de cieno,
linos de plástico y flores de petróleo.

Suena el teléfono mientras se hunde,
es el mar firmamento
de lo que acaba.

Su foto es en él toda su historia,
la vida que ama y que se ahoga.

Jugamos con móviles a los barquitos
mientras el agua materna moja su idioma,

su grito largo, su nombre largo,
se lo lleva hasta el fondo de la Vía Láctea:

como el cielo en lo alto, el mar encierra
el universo entero de las materias.

Le espera en ese barco,
y oye voces,
susurros, insultos,
            nada, nada, nada.

LEJOS

Muerte de un mantero,
Madrid, 15 de marzo de 2018.

Mujer negra tuvo un hijo artista
que pintaba
los metales,
los adobes y las barcas.

Recuerda sus labios agrietados y marinos
repletos de sal y de ficciones,
las yemas de sus dedos florecían como espigas,
los dedos eran altos,
las yemas eran flores,
los brazos del muchacho un arbusto donde el viento se
mecía.

Se acuerda de su hijo mientras muere
esa mujer,
en África sedienta,
en Senegal, en Boro,
donde hay corros de muchachos soñadores
que cantan rap y añoran.

Rodeada de comadres está ella,
que cantan en otro idioma ya,
cantar es tarea de la vida.
Ella escucha despedidas,
salmodias auténticas de África,
luz sonora que ilumina al orbe,
mientra en Europa su hijo vende músicas
en soportes digitales,
arcanos de materias que guardan el conjuro
de la voz humana,
sobre una manta voladora.
Su propia aldea y su propia muerte repetida
quedan en *stand by.*

En la aldea del sur con arenales,
la madre recuerda al viejo niño manchado de pintura,
de pigmentos,
la sonrisa dibujada entre colores,
sin saber que él ha muerto ya,
sin saber que él ha muerto antes.

ALMANSUR

Sobre una noticia aparecida el 16 de agosto de 2016:
un hombre muere en Zamora buscando un tesoro.

Buscaba un tesoro en un secarral de Zamora,
no en una isla paradisíaca con galeones y palmeras.
No sabía que lo bonito de buscar un tesoro es el aire
del mar acariciando el rostro,
la espuma del mar bajo la amura,
el mientras tanto del mar en duermevela.
No sabía que el mar es el último tesoro,
que bello es verlo tendido allí, desnudo como el mar
y elocuente como su horizonte, es decir, inabarcable,
infalible.

No, no lo sabía,
porque era un pastor marroquí que trabajaba en
Zamora
de pastor marroquí,
como un Sidi de las ovejas españolas,
un héroe de la lana y de la leche,
polvo, sudor y manos absortas,
manos que hacen queso y que hacen silencio.

Él tenía una enorme familia que alimentar allá en la
aldea
del Rif,
donde el médico es un viejo chamán con las manos
manchadas de gena,
y donde el mar existe solo como cerco, como límite,
campo de batalla y cementerio furtivo.

Por eso buscaba un tesoro en Zamora
cavando en tierra áspera,
cavando en el lagar,
hendiendo los trigales,
mordiendo las arcillas,
sangrando la arena que no habla.
Pico y pala para liberarse de un destino incurable,
un destino de país medieval
y de país de la Unión Europea recién nacido al éxodo.
Para olvidarse del mar y de nosotros.

Murió en Zamora, enterrado en arcilla.
Ahora navega en busca de su gente,
en un galeón invisible
lleno de flores,
para decirles
que ha vuelto como vuelven los héroes,
invencible,
alegre,
con un tesoro de polen en los ojos.
Almansur.

LESBOS

La mujer más bella del mundo estaba en el mar.
No en la playa.
¡En el mar!,
a punto de ahogarse.
Era de Siria y se llamaba Fátima.
No la salvó ningún Gobierno.
No la salvamos.

El hombre más bello del mundo
había leído a su hija la historia de Odiseo.
En las noches de Damasco los barcos eran sueños
y la olas deseos de vida.
No hubo tiempo para más.
Poco después,
la buscaba entre los restos del naufragio.
Nadó durante horas por un golfo del Egeo,
cerca de Esmirna.
Lo sacaron del agua medio muerto.
En su mano izquierda llevaba
una pequeña camiseta
con la imagen desleída del Pato Donald.

La anciana más bella del mundo
hizo un desfile de modelos en el puerto de Mitelene.
Caminó por la dársena con la túnica pegada al cuerpo,
miss camiseta mojada del exilio.
Sus pechos se movían de manera arrítmica debido al
oprobio y al cansancio.
Escuchó los aplausos de los turistas sentados al sol.
Los ignoró.
Sus ropas se secaron en la ciénaga de Moria.

El abuelo más bello del mundo
era gordo como un elefante
y el socorrista argentino no pudo sacarlo del agua,
porque era inmenso y pesado como un elefante.
El socorrista caminó luego entre los cafés del muelle
y allí, sentado, sonriente, enorme,
vio al abuelo sirio al que había dado por muerto.
Entonces se abrazó a él y lloró sobre su barriga.

ALAS DE ESPERA

Cuando voy al médico el recepcionista me dice que
aguarde en
el ala de espera.
Muy serio y compungido me encamino hacia ella,
tosiendo un poco,
lagrimeando un poco,
como corresponde a un enfermo de poca imaginación.

Espero la llamada del doctor sentado en el ala de
espera,
con los pies colgando a una enorme altura,
junto a una socorrista constipada y un niño sirio de
ojos viajeros.
Desde aquí arriba veo grandes espacios,
bosques y librerías,
ciudades encantadas,
molinos de viento, acordeones,
oleoductos, dentistas;
veo también capitales que añoro
y viejos carpinteros dormidos.

No quiero que el doctor me cure,
por supuesto,
no quiero que me vea,
que ausculte y diagnostique
mi dolencia,
en esta noche enciclopédica
en la que habito,
porque lo que yo quiero es seguir colgado
en esta ala de espera interminable,
jugando con el niño sirio y la socorrista constipada,
esperando con ellos a que se abran las alas de todos los
jilgueros.

Mariposas en la Antártida

Como en Europa no acogían refugiados,
las mariposas volaron a la Antártida.
Viviremos allí, dijeron,
muy enfadadas.
Libaremos en el hielo,
volaremos entre nunataks,
nos apañaremos junto a los pingüinos,
comeremos *krill*,
nos posaremos en el lomo de los cachalotes,
seremos felices en la serenidad del polo.
Cualquier cosa será mejor
que vivir en un continente de cinismos.

Un día se vio una nube que ocupaba el cielo de los
hemisferios.
Era el viaje de las mariposas hacia la Antártida.
A ellas se unieron las mariposas de México,
de California y de Nevada.
Se exiliaban porque un presidente quería construir una
muralla.
Se unieron a la comitiva de refugiadas con alas de colores.
No permaneceremos impasibles ante su falta de respeto,
ante el dolor humano y animal,
dijeron
muy enfadadas.

Les preocupa más que nos marchemos nosotras
a que mueran niños en el agua.
Dirán en los periódicos que es efecto del cambio
climático,
harán un encuentro multilateral
con muchísimos expertos y subsecretarios
ceremoniosos.
Les molestará que no batamos su aire con nuestra
dulzura.
Se lo pensaran dos veces a partir de ahora.
¿Qué harán sin nosotras
esa pandilla de insensatos
cuando nuestro vuelo no sea la proclamación de la
primavera,
sino la llegada de la insurrección austral?

Los hermanos

Imaginad un coche bajo la lluvia de febrero
del cual se baja un hombre inexplicable.
Ha realizado un viaje a un cementerio
de un país abrumado por la lluvia.
Ve multitud de compatriotas yermos
(españoles de andrajos y alpargatas,
milicianos de llanto y de cebolla).
Oye voces negras,
palabras invernales,
llanto de ruedas y de madres.
Quizás alguno de esos hombres podría dispararle,
si descubriese,
de repente, su desarmada identidad,
aunque desde el desapego por uno mismo
no la quiere
ni la esconde.
Imaginad que bajo la lluvia de febrero
ese hombre se acerca a los dos muertos.
Porque allí yacen su madre y su hermano recién
muertos,
acogidos por la arcilla del destierro,
algo tan común para herejes españoles.

Su hermano se llama Antonio.
Él se llama Manuel.

Su hermano es el mayor poeta de España.
Él es el mayor poeta del alcohol.
Algunos dicen que malo,
otros le atribuyen fascismos.
En realidad, ni una cosa ni otra.
La guerra le puso en ese lado,
ese territorio imperial y podrido.
Como poeta es inmenso.
No tan grande como Antonio,
pero digno de perdurar en nuestros labios.
Y lo hace amargamente.
La lluvia sigue.
Hoy llueve sobre Francia sin consuelo.
Frente a las tumbas de Collioure,
Manuel Machado, pensativo, errado,
enciende un cigarrillo tembloroso.
Siente sobre sus hombros la muerte de su gente.
No tiene miedo a que le maten,
nada importa eso.
Llueve sobre sus hombros escindidos
que anhelan el abrazo del hermano.
«Que la tierra extraña te sea leve.
Nunca más jugaremos en un patio».
Imaginad que sube al coche negro,
que regresa a su destino poco noble,
que no tiene valor para ser enterrado cerca de su
infancia.

Todos eran valientes

En una batalla decisiva
la vanguardia desdeñó todos los mapas,
desdeñó los consejos de la retaguardia,
desdeñó el ofrecimiento de saberes,
desdeñó la experiencia de pastores,
desdeñó los caminos de arrieros,
desdeñó la paciencia de emboscados,
desdeñó la grafía de las nubes,
desdeñó, en fin, la sutilísima ley de la montaña,
que las tiene todas, como las ciencias exactas.

Y se lanzó al ataque por el bosque
armada sobre todo de soberbia y gestos.

Los que no se perdieron fueron hechos prisioneros.
Los que no se perdieron regresaron a sus líneas.
Los que no se perdieron murieron en el bosque.

Pero todo lo hicieron heroicamente,
gloriosamente,
a la manera magnífica de las vanguardias.

Y la batalla se perdió.
Y luego la guerra.
Y luego la tierra.
Y el ejército enemigo cayó sobre la retaguardia
con un ritmo de venganza y tiempo.

EPPUR SI MUOVE

Mayakovski, antes de suicidarse, escribió el verso más
triste de la historia:
«La realidad es una mierda petrificada».
Un verso por supuesto equivocado.
Porque la realidad es una mierda, sí, de acuerdo.
Pero se mueve,
vaya si se mueve.

Ensayo sobre la risa

> Si uno tiene conciencia, solo
> puede tener mala conciencia.
> RAFAEL REIG

Le dije que los gobiernos no dicen la verdad,
que los periódicos y las teles no dicen la verdad,
que las empresas y los dioses no dicen la verdad,
que nadie, y menos yo, dice la verdad,
y me miraba sin creerme.
Miraba mis dedos recorrer la aguja,
el codal de palabras que alguna vez tejieron la verdad.
Y no me creía.
Intenté demostrarle, con suaves argumentos,
que los padres y las madres no miran a los ojos
a la verdad, la única forma de mirarla,
y que emprenden viajes y locuras,
arcoíris y retóricas
para vivir seguros y, de ese modo,
protegerlos a ellos de todo mal,
pero que es solo a la mentira a quien protegen.
Me miró con dudas y soltó unas risas.
Viajan muy lejos, dije, en aviones grandes,
porque los hijos han de conocer el mundo,
la hermosa arquitectura de la Tierra,
las ciudades y las junglas,
las culturas y gastronomías

pero que solo conocen la mentira,
porque a la Tierra la miran desde el aire.
Casi se atraganta de la risa.

No, no cuentan la verdad,
insistí, casi insaciable,
la inminencia del final no la contamos,
el agotamiento del privilegio no decimos,
la violencia que se viene no pronunciamos,
ese mundo donde hijos y padres
habremos de enfrentar la desoladora pervivencia.
Me reí entonces con su risa.

LAS CLÁUSULAS DEL CONTRATO

De los deberes y obligaciones perentorias
despreciar,
combatir
cualquier forma de poder,
especialmente aquel que tú mismo
                    ejerces.

4. LAS ISLAS DEL TESORO

Squire Trelawney, Dr. Livesey, and the rest of these gentlemen having asked me to write down the whole particulars about Treasure Island, from the beginning to the end, keeping nothing back but the bearings of the island, and that only because there is still treasure not yet lifted, I take up my pen in the year of grace 17— and go back to the time when my father kept the Admiral Benbow inn and the brown old seaman with the sabre cut first took up his lodging under our roof.

Cuando Squire Trelawney, el doctor Livesey y aquellos otros caballeros me pidieron que, desde el principio hasta el fin y con la mayor puntualidad posible, diese a la estampa todo lo referente a la Isla del Tesoro, no callando más que su situación geográfica, porque aún permanecía allí parte del tesoro, cogí la pluma un día del año de gracia de 17... y me remonté a la época en que mi padre tenía a cargo la posada del Almirante Benbow, y en la que aquel viejo marino, con su sable roto, se hospedó por primera vez bajo nuestro techo.

Robert Louis Stevenson, *Treasure Island*
(traducción de Manuel María de Barandica)

ELOGIO DE LA RETAGUARDIA

Mi tía Juani nos daba de comer en su modesta casa
junto al tren.
Nunca la oí quejarse ni levantar la voz ni reñir a los
guardagujas.
Pasábamos los días en la calle
esperando el chocolate de la merienda mientras el sol
se ponía
en los ojos del abuelo.
Yo no llamaba tebeo a los tebeos,
sino cuentos, porque era la manera que ella tenía de
llamar a cualquier cosa que fascinase a los niños.

Más tarde todos cambiamos de casa,
hacia las afueras de nosotros mismos
(esos barrios donde siempre te pierdes,
donde no conoces la voz de los vecinos
ni hueles a guisos de otro tiempo
ni hay luces que te guíen hacia tu corazón).
Mi tío se había hecho ingeniero
sobre una mesa inclinada
por el peso de las matemáticas.

Eso le hizo tener una casa más grande.
Pero la casa de mis tíos había sido la casa más grande
del mundo
y no podía cambiarse por otra mayor,
ya que allí aprendimos la palabra bondad, la palabra
agua,
la palabra naranja,
la palabra circunferencia,
y vimos al abuelo desmenuzar pan sobre la sopa
con la seriedad de un hombre que atravesó la guerra
con cinco hijos y dos claudicaciones.

Fue en la casa grande de los tíos
donde nos hicimos pequeños,
no mayores,
porque cuando alguien te ama
te reduce la edad hasta que vuelves a nacer.

Hoy hago elogio de la retaguardia,
porque ella es la voz que sostiene nuestra mirada en la
vida.

EL TIEMPO DE LOS REGALOS[2]

La magia no era que existiesen los reyes magos y sus
alcázares
de Persia,
ni que vinieran de muy lejos guiados por extraños
meteoros
montados, dicen unos, en camellos, y otros en negras
yeguas,
ataviados con galas y boato de festivo;
ni que postrasen ante el hijo de un carpintero
sus túnicas bordadas.
La magia no era eso,
la magia no era eso para nada.
Sino que gente humilde pusiese sobre la basta mesa los
regalos,
que gente herida y pobre se inclinase aquella noche no
ante Dios,
o el amo,
sino ante la alegría palpitante de sus hijos,
que fingiesen ese teatrillo enaltecido por juguetes,
de madera muchos de ellos,
de lana, de cobre,
cosas humildes sacadas de la tierra

---

[2] Título de un libro de Patrick Leigh Fermor.

y trabajadas por las manos callosas de los padres,
robando tiempo a las faenas de la gleba,
fabricando juguetes que atribuían luego a una magia
culpable.

Ese era el milagro:
la magia posible,
la magia que es posible todavía,
la magia de quienes siendo tristes se conjuran para la
risa,
la magia de quienes siendo pobres imaginan la belleza,
la magia de los que siendo esclavos se sienten libres
una noche,
muchas noches,
la magia del obsequio y la utopía,
la magia de la justicia,
la magia de los regalos.

BUHARDILLA

Mi patria son ciertos libros perdidos en aquella
buhardilla
a la que ya no volveré,
ese momento en que me fue concedido el instante de
recreo:
visitar la memoria de la antigua familia a través de tus
palabras,
las fotos en los estantes de la abuela de Sitges,
el viejo periodista del *Daily Telegraph*,
reportero británico, católico y delgado, más bien rubio,
de ojos tristes y azules,
que escribió un libro memorable a la República.

Te regalé una señal de tráfico que robamos de un
camino rural,
una señal de prohibido el paso que metimos en el
coche clandestinamente,
en plena noche de lluvia llena,
mi amigo Sousa y yo.
De cerca esas señales son más grandes de lo que
parecen,
y pesan lo suficiente para maldecir en arameo,
y dejan su herrumbre de lana entre los dedos absortos.

La llevé hasta tu buhardilla
con la melancólica locura de saber que
algún día me impediría el acceso a ella,
como la espada de fuego que expulsó a la humanidad
del precario paraíso terrenal.
Y sí, decidiste colocarla justo a la puerta de entrada,
en el descansillo que era el preámbulo de la felicidad,
porque si me remonto a buscar el temblor más
auténtico,
era allí donde comenzaba,
donde comenzó en un lejano verano de 1989,
en que después de mucha timidez y mucho tiento
acabamos besándonos en la orilla del día,
sin saber que esa orilla sería el primero de todos los
adioses.

Ven

Para Esther

El polluelo de vencejo se había caído del nido.
Le recogimos y le llevamos a casa.
Cazamos moscas y mosquitos para alimentarle.
Era deliciosamente torpe en el suelo.
Aún le faltaban unos quince días para poder volar y
reunirse con sus pares,
quienes no dejaban de alborotar y trazar acrobacias en
el cielo.
Cuando él los oía, levantaba la cabeza y se activaba,
sentía la llamada de la vida.
Mirábamos sus alas, ese entramado perfecto de
huesecillos y plumas.
Nos hacía felices como a niños.

Le dije a Reig que los vencejos pasaban la mayor parte
de su vida en vuelo,
sin parar un solo instante,
que eran la más perfecta maquinaria de volar que podía
concebirse.
Él dijo que los colibríes eran capaces de volar marcha
atrás.
Repliqué diciendo que los vencejos follaban en el aire.
Él dijo que eso mismo hacía él de joven.

Una amiga nos pasó el teléfono del lugar donde
recuperan animales.
Ayer lo llevé.
Le dije que se pasara a visitarnos de vez en cuando,
que tendríamos preparadas un montón de moscas para
él.
El chico se lo llevó por un pasillo.
Dijo que saldría adelante,
que en quince días estaría volando para siempre en el
cielo diferente de los vencejos.

COMO UNA REGADERA

Para Adrián

El chico que llenaba los charcos tenía nombre de
emperador,
pero su único imperio era el de una fuente.

El chico que llenaba los charcos lo hacía para que no
cesaran los juegos
y para que las ranas no saltasen en vano,
y para que los renacuajos obtuvieran valor,
y para que los jilgueros no emigrasen tan lejos.

Le gustaba hacerlo de noche,
disfrazado de lluvia, de niebla, de rocío, de escarcha,
y su imperio era una regadera de cinco litros fabricada
en China.

Los charcos reflejaban el cielo,
eran el espejo de las nubes.
Ellas se peinaban en los charcos,
se hacían tirabuzones,
enormes rulos de cirroestratos,
mechas de nimbos, si eso fuera necesario.
A los charcos no les gustan los anticiclones:
les quitan el trabajo de peluquería.

El chico rellenaba la regadera en una fuente pública
y luego la llevaba
hasta la orilla de los guijarros.

Cuando ese chico desapareció,
no sabemos la causa,
los charcos se secaron
y los niños no pudieron chapotear
ni las nubes peinarse,
ni las ranas esmerarse.
Hubo sed en el monte.

Desde aquel día, las nubes andan despeinadas
y los niños no llevan encima las gloriosas insignias del
barro.

LA CIUDAD DE LA RISA

Cuando era pequeño crecí en la ciudad de la risa
porque había una risa para cada calle
incluso había risas apostadas en todos los semáforos
de varios colores
y las paradas de metro se llamaban siempre con
nombres de risa
risa del Sol
risa de Quevedo
risa de la Esperanza
era imposible no reír en la ciudad de la risa
incluso el llanto de los niños era demasiado parecido a
risa para
tenerlo en desacuerdo
incluso los pájaros cantaban risas sobre las ramas de los
autobuses
y los perros ladraban a la luna risas en lugar de
adivinanzas

cuando me hice mayor
no sé por qué
la ciudad de la risa se fue haciendo cada vez más
pequeña
menguando poco a poco
lentamente
hasta adquirir el tamaño definitivo de una calabaza
o el de una uva en tarde de vendimia
es decir hasta tener
ese tamaño arrugado feo y terrible de las guerras
civiles.

LAS SEMILLAS

Nos enterraron.
Pero no sabían que éramos semillas.

A veces los poemas se van,
se sumen como *wadis* del Sahel
en las arenas.
Es el tiempo de la sequía en el Serengueti,
y en los altos valles de Masai Mara,
y en el altiplano de Etiopía.
Ni una briza de hierba verde,
ni una nube en lontananza se ve.
Los ñúes emigran en busca de pastos y
los elefantes se bañan en el polvo inexpresivo.
No hay poemas, amigos,
no hay palabras,
ni regalos.
Toca resistir este tiempo de añoranza
y de mudez.
La lengua se ha secado,
la garganta es comida para hienas,
el pozo de las emociones no refleja sino su propia
oscuridad.

Pero en la huerta sedienta
el viejo hortelano no ceja de aventar semillas,
y llega un día en que suena el trueno de la argucia,
y comienza la lluvia que procreará con la arena,
y vuelven las palabras lo mismo que animales
migratorios,
que animales peligrosos,
lo mismo que el suave fluir de la humedad y la selva,
lo mismo que un león recién nacido.

Un hilo de voces

1. Los hermanos mayores

Yo, que no he tenido hermanos mayores,
tengo hermanos mayores.
Me acompañan desde siempre y nunca dejan
de alentar con sus palabras la jugada maestra: esta vida.
Mis hermanos son poetas y apoyan sus manos
en mis pequeños hombros de niño.
Cómo me cuidan estos tipos
(casi todos son hombres, son hermanos).
Se llaman Vicente, Gabriel, Blas, Juan, Joan, Jaime,
César,
(alguno se llama Federico),
y sus voces son las voces de la casa y de la sangre.
Los amo como se ama a los hermanos.
Todos han muerto ya.
Pero el milagro es que siguen posando sus manos en
mi frente.

2. Las islas fugitivas

Para Isla Correyero

Se llamaban Isla, Blanca o Andrea
y formaban un archipiélago desafiante.
Pilotaron barcos muy cerca de Esmirna,
y borraron con sus voces la arrogancia de Apolo.
Pertenecían a la estirpe de la luciérnaga,
y no eran blancas, ni diosas,
sino humanas festivas.
Cantaron a la vida coronada
y trazaron un mapa con su propio deseo.
Yo veía en ellas a Safo,
porque el otro fue diestro en batallas, exilios,
regresos y argucias,
pero ella lo fue en la vida venerable.
Nunca volverán a Lesbos,
sino que viajan para siempre hacia las otras islas.

Olor a tabaco

Hoy se llevó la grúa el coche de mi padre.
Llevaba años bajo un galpón azul.
Un viejo carpintero había desarmado el motor
en busca de metales preciosos;
pero solo encontró un yacimiento de plomo con el
aceite seco
y un nido de ratones recién nacidos junto a la trócola.
Fue más duro quitar el cuentakilómetros.
Hubo que darle marcha atrás,
no hubo otro remedio,
desenrollar el tiempo
con una llave especial,
al parecer carísima,
que traían desde un país sin nombre
(no ponía *made in china*,
desde luego,
sino simplemente *treat me well, made in Moonlight*,
o algo semejante)
y el tipo que la manipulaba
era un búlgaro de dos metros llamado Dimitrov,
que empezó a desandar esos 300.000 km
paso a paso, metro a metro,
con sus enormes manos de minero soviético
y una concentración de cirujano cerebral.
No era para menos.

Las ruedas no se movían, es cierto, pero los kilómetros
sí,
y el coche rejuvenecía como una canción de los Beatles
o una sonrisa de señora mayor a la que tratas bien,
como cuando teníamos quince años y surgió desde
Alemania
con los papeles en regla,
su aspecto de pavo real, su energía juvenil y sus 200
caballos blancos
que pastaban allá dentro, bajo el capó, vaya usted a
saber qué yerbas.

Cada parada nos llevaba a un lugar distinto.
El km 250.000 nos situó en la comunión de Cristina
Sánchez,
mi pequeña sobrina, que entonces tenía ocho años de
nada,
en San Sebastián, junto al mar.
Creo que fue la única vez que habíamos sido felices
todos juntos.

Los 200.000 fue cuando yo conduje el coche hasta
Alicante,
porque mi padre no se encontraba bien.
Luego volví en un tren Intercity.
Ya no existe ese trayecto,
ahora solo hay un AVE velocísimo,
porque la velocidad es importante,
aunque no sabemos para qué.

Los 150.000 nos llevaron a Sevilla,
no sé qué movidas de la feria de abril o los sábados
santos.

Los 100.000 eran Lisboa y ese deslumbramiento blanco
y lento
desde Alfama,
cuando el mundo todavía no había sido banalizado
y mirabas la estatua de Pessoa no como un suvenir
donde tirar la foto,
sino como el misterio de la amistad literaria a través de
los años.

Tuve entonces que decirle al Dimitrov que descansara
un poco,
porque esa intensidad emocional me estaba haciendo
daño.

Pero él dijo que cobraba por horas y que luego tenía
otro servicio.
Así que prosiguió con su máquina implacable de
tiempo mientras yo me iba haciendo joven y maldito
y veía a mi padre bajar del coche muy enfadado,
con ese gesto suyo un poco arcaico ya,
aquella vez en que estuvimos discutiendo muchas
horas porque
yo me hice insumiso y eso él no lo entendía.
Y lo vi bajarse también cuando la poli me llenó la cara
de hostias
y venía afectado, el gesto duro, preocupado, a ver qué
cristo le habían hecho a su hijo en la cara esos canallas.
O cuando hablábamos de que no aparecía por casa
ningún fin de semana.
Era el tiempo en que estaba enamorado de Arantxa,
la mujer más hermosa del mundo en todos los sentidos,
quien luego murió en un accidente de tráfico
camino de Trillo, Guadalajara,
cerca de ese penacho de humo nuclear de la central
nuclear más fea de la tierra.
Y me acordaba de Violeta y de aquella noche que
dormí por primera vez con ella,
y al día siguiente mi padre me riñó por no llegar.
Y yo sentí nauseas, pero solo por el milagro de haber
conocido al amor recién nacido.

En el kilómetro 50.000 me tuve que alejar del olor a
tabaco
que aún impregnaba el interior del coche,
que era el olor de mi padre y también el de su muerte.

Cuando volví, el coche acababa de llegar desde
Múnich,
feliz y reluciente como un potro impecable:
nunca estuvo tan reluciente ni tan vivo
ni mostró con tanto orgullo su precisión alemana.

Mi padre ocupaba ya su lugar en el asiento del piloto
y acariciaba el volante con una ternura que nunca supo
poner sobre nosotros.
No, no había sabido hacerlo, no había podido,
no le habían dejado aprender aquellos años de mierda
de la guerra,
ni aquellos años huraños y fascistas de posguerra,
esa aspereza total que vacía el corazón de la gente.

Pagamos a Dimitrov el precio convenido.
Subieron el coche a la grúa con la misma frialdad burocrática
y la misma solemnidad burocrática que cuando cargan un féretro en el auto de los funerales,
todo aséptico, eficiente e implacable.
Firmamos papeles y contratos y luego vimos alejarse al Mercedes por la calle vacía,
prisionero y vencido sobre un camión de la Mutua Madrileña.
«Seguros de vida», ponía en una lateral de aquella grúa desalmada que se llevaba un pedazo de nuestras vidas sin asegurar contra el olvido,
«auxilio en carretera, presupuestos sin compromiso».
Sé que lo llevaron a un desguace de Vallecas que se ve desde la M-30.

Paseos con mi madre

Juguetes de la infancia que ya no se fabrican.
Ana Pérez Cañamares

Ayer caminé por las calles de mi infancia;
mi pueblo fue destruido por la abyecta conjunción del
mal gusto y la codicia,
pero las viejas casas de mi infancia siguen vivas.
Son una isla en medio de otro mundo,
una isla con tesoro.
Pensé en llamar a la puerta del abuelo,
sabiendo que en esa casa nadie vive desde entonces.
Soñé en subir a casa de mis tíos,
pero vi luces apagadas y postigos cerrados,
y supe que solo los fantasmas
habitan esta historia.
Me detuve a convocarlos:
una cortina dejaba entrar la luz,
un grifo abierto limpiaba las cucharas,
la comida estaba lista encima de la mesa
y solo faltaban el pan y la jarra de estaño.
La sopa humeaba su espíritu elocuente
y el cielo se posaba en los vasos y la loza.

Pero nadie había y seguí mi camino por las calles
ateridas.

Mi pueblo había crecido.
Cuando yo era pequeño su sitio era pequeño;
pero ahora es un lugar indómito y extraño.
Pasé finalmente por debajo del balcón donde vivíamos,
la tienda de mis padres,
la habitación de mi hermana, de hecho iluminada,
e imaginé mi voz en una puerta que otros abrirían,
supe que ese dolor sería inexcusable.
Ya nada existe que me ate a esta memoria,
nada que me una a la vida o que me exalte.
Supe que la despedida es un silencio roto por pasos
definidos,
supe que el adiós es una ventana iluminada donde, de
repente, un
desconocido apaga la luz que tú querías,
la luz de los sillones, la luz de las ventanas,
la luz de los juegos infantiles y su mínima tarea.
Imaginé la vieja cocina donde mi madre me hacía el
desayuno,
la alacena del viento, el armario de la escoba,
el olor a café de las mañanas del mismo color que sus
ojos.

Me asomé al río despechado
(que venía crecido por la eficacia de lejanas tormentas),
me até luego los zapatos,
reñí a mi sombra.
Y seguí andando como un perro que cruza por el
descampado
de sus ojos.

LOS MAPAS

> Cuando ya nada se espera personalmente exaltante,
> mas se palpita y se sigue más acá de la conciencia,
> fieramente existiendo, ciegamente afirmando,
> como un pulso que golpea las tinieblas (…).
> GABRIEL CELAYA

Cuando ya nada esperaba personalmente exaltante
mas seguía y persistía más allá de la conciencia
inexplicablemente,
apareciste
tú.
Había un mapa en tus labios,
una luz en tus ojos,
una acequia en tus manos.
Hubo que enterrar las decisiones,
darle brillo al tiempo,
acariciar las cosas,
esperar lo inesperado,
y conjurar al miedo.
Y aprendí de nuevo a jugarme la vida.
Y aprendí que eso es lo único que le da sentido a todo.

QUISQUILIAE
col·lecció
poesia i literatures

TÍTOLS PUBLICATS

CALUMNIA

Esta primera edición de
Elogio de la retaguardia

de PEDRO SÁEZ SERRANO
se publicó el día 11 de septiembre de 2024, aniversario del
asalto al palacio de la Moneda, Santiago de Chile.